The Trash Can Monster And Other Bilingual French-English Stories for Kids

Pomme Bilingual

Published by Pomme Bilingual, 2024.

While every precaution has been taken in the preparation of this book, the publisher assumes no responsibility for errors or omissions, or for damages resulting from the use of the information contained herein.

THE TRASH CAN MONSTER AND OTHER BILINGUAL FRENCH-ENGLISH STORIES FOR KIDS

First edition. October 5, 2024.

Copyright © 2024 Pomme Bilingual.

ISBN: 979-8227358271

Written by Pomme Bilingual.

Table of Contents

Léon le lion timide 1

Leon the Shy Lion 3

Les Chaussures Magiques de Margot 5

Margot's Magical Shoes 9

Le Monstre de la Poubelle 13

The Trash Can Monster 17

La Bataille des Bulles de Savon 21

The Bubble Battle 25

L'École des Super Héros 29

The Superhero School 33

Le Mystère du Pain Volant 37

The Mystery of the Flying Bread 41

Le Voyage de Léo en Ballon 43

Leo's Balloon Adventure 45

Les Aventures de Monique la Souris 47

The Adventures of Monique the Mouse 49

La Révolte des Animaux de la Ferme 51

The Farm Animals' Revolt 53

Le Secret de la Forêt Enchantée 55

The Secret of the Enchanted Forest 57

Léon le lion timide

―――

Dans la grande jungle verte, il y avait un lion très particulier. Ce lion s'appelait Léon, et il n'était pas comme les autres lions. Tandis que les autres lions rugissaient fièrement et se promenaient avec confiance, Léon était... terriblement timide. En fait, il avait peur de tout : des oiseaux qui chantaient trop fort, du vent qui soufflait trop fort, et même de son propre rugissement.

« Je suis un lion », se disait Léon souvent. « Je devrais être courageux et puissant. Mais pourquoi ai-je si peur ? » Chaque fois qu'il essayait de rugir, son cœur battait à tout rompre. Alors, il préférait rester caché derrière un gros buisson, espérant que personne ne le remarque.

Un jour, alors que le soleil brillait fort et que la jungle était paisible, un grand cri retentit. « Au secours ! » criait Zaza la girafe. Léon, qui se reposait tranquillement sous un arbre, sursauta. « Qu'est-ce qui se passe ? » pensa-t-il, déjà tremblant. Il jeta un coup d'œil et vit que Zaza était en danger. Une troupe de singes farceurs lui lançait des noix de coco depuis les arbres ! Zaza ne savait pas quoi faire.

« Je dois l'aider », pensa Léon. Mais en même temps, il se souvenait de toutes les fois où il avait eu peur. « Et si je rugissais et que c'était trop fort ? » se dit-il. « Ou pire, et si je n'arrivais même pas à rugir du tout ? »

Il regarda autour de lui, cherchant quelqu'un d'autre pour aider Zaza. Mais les autres animaux étaient trop loin, ou trop occupés à se cacher eux-mêmes. Léon savait qu'il devait faire quelque chose. Ses pattes tremblaient, mais il se leva. « Je ne peux plus fuir. Zaza a besoin de moi. »

Il prit une grande inspiration et avança lentement vers l'arbre où les singes lançaient leurs noix de coco. Chaque pas lui semblait plus lourd que le précédent. Enfin, il se tint devant eux.

« Hé, les singes ! » dit-il d'une voix qu'il voulait forte, mais qui n'était qu'un murmure. Les singes éclatèrent de rire. « Qu'est-ce que tu vas faire, Léon le timide ? Tu vas nous effrayer avec ton rugissement ? »

Léon savait que c'était sa chance. Il prit une autre grande respiration, ferma les yeux et... rugit. Mais ce n'était pas un petit rugissement, c'était un rugissement si fort et puissant qu'il fit trembler les arbres. Les singes, terrifiés, s'enfuirent en criant.

Zaza regarda Léon, stupéfaite. « Léon, tu m'as sauvée ! » s'exclama-t-elle. Léon, lui, n'en croyait pas ses oreilles. Il avait réussi à rugir, et c'était même plus fort qu'il ne l'avait jamais imaginé !

À partir de ce jour-là, Léon ne se cacha plus derrière les buissons. Il avait compris qu'il avait en lui un courage qu'il ne soupçonnait même pas. Et même s'il avait encore parfois peur des petites choses comme les papillons, il savait qu'il était capable de surmonter ses peurs pour aider ses amis.

Leon the Shy Lion

In the vast green jungle, there was a very unusual lion. His name was Leon, and he was not like the other lions. While the other lions roared proudly and walked around with confidence, Leon was... terribly shy. In fact, he was afraid of everything: birds that sang too loudly, the wind that blew too hard, and even his own roar.

"I'm a lion," Leon often told himself. "I should be brave and powerful. But why am I so scared?" Every time he tried to roar, his heart pounded wildly. So, he preferred to hide behind a big bush, hoping no one would notice him.

One day, as the sun shone brightly and the jungle was peaceful, a loud cry rang out. "Help!" screamed Zaza the giraffe. Leon, who was quietly resting under a tree, jumped in surprise. "What's happening?" he thought, already trembling. He peeked out and saw that Zaza was in trouble. A group of mischievous monkeys was throwing coconuts at her from the trees! Zaza didn't know what to do.

"I have to help her," thought Leon. But at the same time, he remembered all the times he had been afraid. "What if I roar and it's too loud?" he thought. "Or worse, what if I can't even roar at all?"

He looked around, hoping someone else would help Zaza. But the other animals were too far away or too busy hiding themselves. Leon knew he had to do something. His paws were shaking, but he stood up. "I can't run away anymore. Zaza needs me."

He took a deep breath and slowly walked toward the tree where the monkeys were throwing their coconuts. Every step felt heavier than the last. Finally, he stood in front of them.

"Hey, monkeys!" he said in a voice he wanted to be strong, but it was barely a whisper. The monkeys burst out laughing. "What are you going to do, Leon the shy lion? Scare us with your roar?"

Leon knew this was his moment. He took another deep breath, closed his eyes, and... roared. But it wasn't a little roar, it was a roar so loud and powerful that it made the trees shake. The monkeys, terrified, ran away screaming.

Zaza stared at Leon, amazed. "Leon, you saved me!" she exclaimed. Leon could hardly believe his ears. He had roared, and it was even louder than he had ever imagined!

From that day on, Leon no longer hid behind the bushes. He had realized that he had a courage inside him that he had never known. And even though he still sometimes feared small things like butterflies, he knew he could overcome his fears to help his friends.

Les Chaussures Magiques de Margot

———

Margot était une petite fille comme les autres. Elle adorait jouer avec ses amis, lire des histoires et courir dans le parc. Mais un jour, quelque chose d'extraordinaire lui arriva. Alors qu'elle se promenait dans une petite boutique d'objets d'occasion avec sa maman, elle tomba sur une paire de chaussures très étranges. Elles étaient rouges, brillantes et semblaient presque briller sous la lumière du magasin.

« Oh, maman, regarde ! » s'exclama Margot. « Ces chaussures sont trop belles, je les veux ! »

Sa maman haussa les épaules. « Pourquoi pas ? Elles ne coûtent pas cher. » Et ainsi, Margot repartit avec sa nouvelle paire de chaussures, ravie de les montrer à ses amis.

Ce qu'elle ne savait pas, c'était que ces chaussures n'étaient pas comme les autres.

Le lendemain, Margot mit ses nouvelles chaussures pour aller à l'école. Tout se passait bien jusqu'à l'heure de la récréation. Pendant que les enfants jouaient, une musique commença à retentir depuis la salle de gym. Tout à coup, sans qu'elle puisse se contrôler, Margot commença à bouger ses pieds. Ses jambes se mirent à sauter et à tourner dans tous les sens. Elle dansait !

« Margot ! Qu'est-ce que tu fais ? » demanda son ami Jules, perplexe.

« Je... je ne sais pas ! » répondit Margot, paniquée. « Je n'arrive pas à m'arrêter ! »

Et en effet, chaque fois que la musique jouait, ses pieds se mettaient à danser de manière incontrôlable. Elle tourbillonnait à travers la cour de récréation, faisant des pirouettes et des sauts, tandis que ses camarades la regardaient, médusés.

Quand la musique s'arrêtait, Margot retombait au sol, épuisée. « Ces chaussures ! Elles sont magiques ! » murmura-t-elle.

Les jours suivants furent un véritable défi pour Margot. À chaque fois qu'elle entendait de la musique – à l'école, dans les magasins, même à la télévision – ses pieds se mettaient à bouger. Elle dansait dans les couloirs, dans la rue, et même pendant le dîner ! Ses parents ne savaient plus quoi faire.

« Margot, il faut qu'on trouve un moyen de contrôler ça ! » lui dit sa maman, un soir où elle dansait encore après avoir entendu une chanson à la radio.

Mais un jour, une nouvelle arriva à l'école : il y aurait un grand concours de danse dans la ville, et tous les enfants étaient invités à y participer. Les gagnants remporteraient un trophée et un an de cours de danse gratuits.

« Margot, tu devrais t'inscrire ! » proposa son ami Jules. « Avec tes chaussures magiques, tu es sûre de gagner ! »

Margot n'était pas si sûre. Certes, elle pouvait danser... mais elle ne contrôlait rien ! Pourtant, elle décida de tenter sa chance. « Peut-être que ces chaussures ne sont pas là pour me rendre la vie difficile. Peut-être qu'elles veulent m'aider à découvrir quelque chose de nouveau. »

Le jour du concours arriva. Margot était nerveuse. Dès que la musique démarra, ses pieds se mirent à bouger. Elle tourbillonnait, sautait, faisait des pas qu'elle ne savait même pas qu'elle connaissait. Le public était en admiration !

« Regardez-la ! Elle danse comme une professionnelle ! » murmura quelqu'un dans la foule.

Margot se laissa emporter par la musique. Ses pieds dansaient sans qu'elle ait à y penser. Elle sourit, car elle se rendit compte que même si elle ne contrôlait pas ses pieds, elle s'amusait vraiment.

À la fin de la compétition, Margot fut couronnée grande gagnante. Ses chaussures magiques l'avaient aidée à découvrir un talent qu'elle ne soupçonnait même pas.

« Merci, chaussures », chuchota-t-elle en les regardant. Et même si elles continuaient de lui causer des problèmes chaque fois qu'elle entendait de la musique, Margot les adorait. Car, après tout, elles avaient fait d'elle la danseuse la plus talentueuse de toute la ville !

Margot's Magical Shoes

Margot was just an ordinary little girl. She loved playing with her friends, reading stories, and running in the park. But one day, something extraordinary happened to her. While she was browsing through a little second-hand shop with her mom, she stumbled upon a very strange pair of shoes. They were red, shiny, and seemed to sparkle under the store's light.

"Oh, Mom, look!" Margot exclaimed. "These shoes are so pretty, I want them!"

Her mom shrugged. "Why not? They're not expensive." And so, Margot left with her new pair of shoes, excited to show them off to her friends.

What she didn't know was that these shoes weren't like any other pair.

The next day, Margot put on her new shoes for school. Everything was fine until recess. While the children were playing, music started playing from the gym. All of a sudden, without any control, Margot's feet started moving. Her legs began jumping and spinning everywhere. She was dancing!

"Margot! What are you doing?" asked her friend Jules, confused.

"I... I don't know!" replied Margot, panicking. "I can't stop!"

And indeed, every time music played, her feet would start dancing uncontrollably. She twirled across the playground, doing pirouettes and leaps, while her classmates stared in amazement.

When the music stopped, Margot collapsed to the ground, exhausted. "These shoes! They're magical!" she whispered.

The next few days were a real challenge for Margot. Every time she heard music – at school, in stores, even on TV – her feet would start moving. She danced in hallways, on the street, and even during dinner! Her parents didn't know what to do.

"Margot, we need to figure out how to control this!" her mom told her one evening while she was still dancing after hearing a song on the radio.

But then, one day, exciting news came to school: there was going to be a big dance contest in town, and all the children were invited to participate. The winners would receive a trophy and a year of free dance lessons.

"Margot, you should enter!" suggested her friend Jules. "With your magical shoes, you're sure to win!"

Margot wasn't so sure. Sure, she could dance... but she didn't control anything! Still, she decided to give it a try. "Maybe these shoes aren't here to make my life difficult. Maybe they want to help me discover something new."

The day of the contest arrived. Margot was nervous. As soon as the music started, her feet began to move. She twirled, leaped, and performed steps she didn't even know she could do. The audience was in awe!

"Look at her! She dances like a professional!" whispered someone in the crowd.

Margot let herself be carried away by the music. Her feet danced without her even thinking about it. She smiled because she realized that even though she wasn't in control of her feet, she was having a lot of fun.

At the end of the competition, Margot was crowned the grand winner. Her magical shoes had helped her discover a talent she never knew she had.

"Thank you, shoes," she whispered as she looked at them. And even though they continued to cause her trouble whenever she heard music, Margot loved them. After all, they had made her the most talented dancer in the whole town!

Le Monstre de la Poubelle

Dans une petite ville tranquille, il y avait une poubelle qui faisait peur à tout le monde. Pas à cause de l'odeur (quoiqu'elle soit vraiment nauséabonde), mais à cause de la créature qui vivait dedans. Les habitants l'appelaient « Le Monstre de la Poubelle ».

Personne ne savait à quoi il ressemblait vraiment, mais les rumeurs disaient qu'il était grand, tout vert, avec des bras qui traînaient par terre et des yeux énormes qui brillaient dans l'obscurité. Chaque fois que quelqu'un s'approchait de la poubelle, un grand bruit retentissait, et les gens s'enfuyaient en criant : « Le monstre ! Le monstre ! »

Tous les habitants évitaient la poubelle comme la peste, mais il y avait deux enfants dans la ville, Jules et Clara, qui n'avaient jamais vu ce monstre en personne. Bien sûr, ils avaient entendu les histoires, mais ils étaient curieux.

« Et si ce monstre n'était pas méchant ? » dit Clara un jour.

« Oui, peut-être qu'il est juste... différent », ajouta Jules.

Un après-midi, armés de courage et de quelques sandwichs au beurre de cacahuète, ils décidèrent d'aller voir le fameux Monstre de la Poubelle. Ils s'approchèrent de la grande poubelle au fond d'une ruelle sombre. L'odeur était insupportable, et il y avait des déchets partout. Jules fronça le nez, mais Clara lui fit signe de rester calme.

« Il ne faut pas juger quelqu'un à son apparence... ou à son odeur », chuchota-t-elle.

Soudain, un grand bruit de ferraille se fit entendre, et la poubelle se mit à trembler. Les enfants retinrent leur souffle. Et là, sortit de la poubelle une créature étrange, toute verte avec des morceaux de plastique coincés dans ses cheveux. Il avait des yeux tristes, de grandes mains... et il sentait vraiment mauvais.

« Bonjour », dit timidement Clara.

Le monstre parut surpris. Il se gratta la tête et répondit doucement : « Bonjour... Vous n'avez pas peur de moi ? »

Jules secoua la tête. « Non. On pense que tu n'es peut-être pas aussi effrayant que tout le monde le dit. Tu vis ici ? »

Le monstre hocha la tête tristement. « Oui. Je m'appelle Gaspard. Les gens me fuient toujours à cause de mon odeur et de mon apparence... Je ne veux pas leur faire de mal. Je recycle simplement ce qu'ils jettent. J'aime garder les rues propres, mais personne ne le remarque. »

Clara et Jules se regardèrent. « Tu veux dire que tu fais du recyclage ? »

« Oui », répondit Gaspard, en sortant une vieille bouteille en plastique. « Regardez. Beaucoup de ces choses pourraient être réutilisées, mais les gens les jettent n'importe où. Je fais de mon mieux pour trier, mais je suis seul... et ça sent mauvais. »

Les deux enfants eurent une idée. « Et si on t'aidait ? On pourrait expliquer aux habitants de la ville que tu n'es pas un monstre, mais que tu es là pour les aider à recycler. »

Le visage de Gaspard s'illumina. « Vraiment ? Vous feriez ça pour moi ? »

Le lendemain, Jules et Clara organisèrent une grande réunion avec les habitants de la ville. Ils racontèrent l'histoire de Gaspard et expliquèrent que son « travail » était en fait de trier les déchets pour recycler.

Au début, les gens étaient sceptiques. « Un monstre qui recycle ? C'est une blague ! »

Mais Gaspard sortit doucement de sa poubelle, tenant dans ses mains des bouteilles, des canettes et des cartons. « Je veux juste vous aider à garder la ville propre... et moins malodorante », dit-il timidement.

Peu à peu, les gens commencèrent à comprendre. Ils n'avaient jamais vraiment pensé à tout ce qu'ils jetaient. Bientôt, la ville mit en place un système de recyclage, et Gaspard devint une sorte de héros local. Il ne sentait toujours pas très bon, mais les habitants lui apportaient désormais des sacs de déchets triés pour l'aider dans sa tâche.

Et chaque fois qu'on entendait du bruit près de la poubelle, les gens ne fuyaient plus. Ils disaient plutôt : « Merci, Gaspard, pour tout ton travail ! »

Et le Monstre de la Poubelle ne fut plus jamais seul.

The Trash Can Monster

In a quiet little town, there was a trash can that terrified everyone. Not because of the smell (though it was truly awful), but because of the creature living inside. The townspeople called it "The Trash Can Monster."

No one really knew what it looked like, but rumors said it was big, green, with arms dragging on the ground and huge glowing eyes in the dark. Every time someone approached the trash can, a loud noise would echo, and people would run away screaming: "The monster! The monster!"

Everyone in town avoided the trash can like the plague, but there were two kids, Jules and Clara, who had never seen the monster in person. Of course, they had heard the stories, but they were curious.

"What if the monster isn't really mean?" Clara said one day.

"Yeah, maybe he's just... different," added Jules.

One afternoon, armed with courage and a few peanut butter sandwiches, they decided to go see the famous Trash Can Monster. They walked to the big trash can at the end of a dark alley. The smell was unbearable, and there was trash everywhere. Jules wrinkled his nose, but Clara motioned for him to stay calm.

"You shouldn't judge someone by how they look... or smell," she whispered.

Suddenly, a loud clattering noise echoed, and the trash can began to shake. The kids held their breath. And then, out came a strange creature, all green with bits of plastic stuck in its hair. It had sad eyes, big hands… and it really smelled bad.

"Hello," Clara said timidly.

The monster looked surprised. He scratched his head and responded quietly: "Hello… You're not afraid of me?"

Jules shook his head. "No. We think you might not be as scary as everyone says. Do you live here?"

The monster nodded sadly. "Yes. My name is Gaspard. People always run away because of my smell and how I look… I don't want to hurt them. I just recycle what they throw away. I like keeping the streets clean, but no one notices."

Clara and Jules exchanged a glance. "You mean, you recycle?"

"Yes," Gaspard replied, pulling out an old plastic bottle. "Look. A lot of these things could be reused, but people just throw them everywhere. I do my best to sort through it, but I'm all alone… and it stinks."

The two kids had an idea. "What if we helped you? We could explain to the townspeople that you're not a monster, but that you're here to help them recycle."

Gaspard's face lit up. "Really? You'd do that for me?"

The next day, Jules and Clara held a big town meeting. They told the story of Gaspard and explained that his "job" was actually sorting the trash to recycle it.

At first, people were skeptical. "A monster that recycles? That's a joke!"

But Gaspard shyly emerged from his trash can, holding bottles, cans, and cardboard. "I just want to help keep the town clean... and less smelly," he said softly.

Slowly, people started to understand. They had never really thought about all the things they threw away. Soon, the town set up a recycling program, and Gaspard became a local hero. He still didn't smell great, but now people brought him bags of sorted trash to help him with his task.

And every time there was noise near the trash can, people no longer ran away. Instead, they'd say, "Thanks, Gaspard, for all your hard work!"

And the Trash Can Monster was never lonely again.

La Bataille des Bulles de Savon

Dans un petit village pittoresque, chaque été, il y avait une tradition que tous les habitants attendaient avec impatience : le concours annuel de bulles de savon. C'était un jour de fête où tout le monde, des plus jeunes aux plus âgés, se rassemblait sur la place du village pour voir qui pouvait faire la plus grosse et la plus belle bulle.

Cette année, le concours promettait d'être particulièrement intéressant. Deux enfants, Léo et Zoé, étaient connus dans tout le village pour leur talent incroyable à souffler des bulles. Léo pouvait faire des bulles gigantesques, tandis que Zoé avait une technique parfaite pour créer des bulles en forme de cœurs ou d'étoiles. Les deux étaient amis, mais cette année, ils s'étaient lancés un défi : qui ferait la plus grosse bulle de savon ?

« Je vais gagner, c'est sûr ! » déclara Léo en souriant, tenant son flacon de savon comme un trophée.

« On verra bien, Léo ! Mes bulles vont toucher les nuages ! » répondit Zoé, confiante.

Le jour du concours arriva enfin. La place du village était remplie de gens rassemblés autour des stands de savon. Les enfants se préparaient, chacun avec leurs flacons spéciaux et leurs baguettes magiques. Mais cette fois, quelque chose d'inattendu allait se produire.

Léo commença à souffler. Une énorme bulle se forma devant lui, plus grande qu'une balle de foot. Tout le monde applaudissait.

Zoé ne se laissa pas impressionner. Elle souffla à son tour, et une bulle encore plus grande se mit à flotter doucement dans l'air. La foule s'exclama.

La compétition s'intensifia. Léo et Zoé soufflaient des bulles de plus en plus grandes, jusqu'à ce que soudain, une bulle de Léo devienne tellement énorme qu'elle commença à soulever son petit frère, Tom, qui jouait à côté !

« Oh non ! Tom ! » s'écria Léo, en voyant son frère flotter dans les airs, accroché à la bulle.

Zoé, paniquée mais toujours concentrée, souffla une autre bulle, espérant que celle-ci pourrait rattraper Tom. Mais au lieu de ça, sa bulle se joignit à celle de Léo, formant une immense bulle double qui commença à s'élever au-dessus des toits du village.

La foule éclata de rire et d'effroi en même temps. Les bulles continuaient de grandir et flottaient maintenant partout dans le village, emportant avec elles des chapeaux, des journaux, et même le chat de la boulangère !

Les bulles étaient hors de contrôle ! Léo et Zoé couraient dans tous les sens, essayant de les rattraper, mais chaque fois qu'ils s'approchaient, une brise légère envoyait les bulles encore plus loin.

« Il faut faire quelque chose ! » cria Léo, en essayant de percer une bulle géante.

« Attends ! J'ai une idée ! » Zoé attrapa une baguette spéciale qu'elle avait fabriquée avec une vieille corde. Elle fit un mouvement précis, et soudain, une gigantesque bulle se forma autour des autres bulles.

La bulle géante éclata doucement, libérant Tom, qui retomba doucement sur le sol, sain et sauf. Tout le monde applaudit, et le chat de la boulangère miaula de soulagement en touchant terre.

Le concours se termina dans un grand éclat de rire. Léo et Zoé, couverts de savon de la tête aux pieds, se regardèrent et éclatèrent de rire.

« Alors, qui a gagné ? » demanda Zoé en riant.

Léo haussa les épaules. « Je crois qu'on a tous les deux perdu... et gagné en même temps. »

La foule éclata de rire à son tour, et cette année-là, la Bataille des Bulles de Savon devint légendaire. Chaque habitant du village se souviendrait longtemps du jour où des bulles géantes avaient envahi leur petite ville.

The Bubble Battle

In a quaint little village, every summer, there was a tradition that everyone eagerly awaited: the annual bubble-blowing contest. It was a day of celebration where people of all ages gathered in the village square to see who could make the biggest and most beautiful bubble.

This year, the contest was especially exciting. Two children, Leo and Zoe, were known throughout the village for their incredible bubble-blowing skills. Leo could make gigantic bubbles, while Zoe had a perfect technique for creating heart-shaped or star-shaped bubbles. The two were friends, but this year, they had challenged each other: who could blow the biggest bubble?

"I'm going to win, for sure!" Leo declared with a grin, holding his soap bottle like a trophy.

"We'll see about that, Leo! My bubbles will reach the clouds!" Zoe replied, confident.

The day of the contest finally arrived. The village square was packed with people gathered around the soap stands. The children were preparing, each with their special bottles and magic wands. But this time, something unexpected was about to happen.

Leo started blowing. A huge bubble formed in front of him, bigger than a soccer ball. The crowd clapped.

Zoe wasn't intimidated. She blew her own bubble, and an even larger one floated gently into the air. The crowd gasped.

The competition heated up. Leo and Zoe were blowing bigger and bigger bubbles until suddenly, one of Leo's bubbles grew so large that it began to lift his little brother, Tom, who was playing nearby!

"Oh no! Tom!" Leo shouted as he saw his brother floating in the air, clinging to the bubble.

Zoe, panicked but still focused, blew another bubble, hoping it would catch Tom. But instead, her bubble joined with Leo's, forming a gigantic double bubble that began rising above the rooftops of the village.

The crowd burst into both laughter and fear. The bubbles kept growing and were now floating all over the village, carrying away hats, newspapers, and even the baker's cat!

The bubbles were out of control! Leo and Zoe ran around, trying to catch them, but every time they got close, a gentle breeze sent the bubbles floating even farther away.

"We need to do something!" Leo shouted, trying to pop one of the giant bubbles.

"Wait! I have an idea!" Zoe grabbed a special wand she had made with an old rope. She made a precise move, and suddenly, a gigantic bubble formed around the other bubbles.

The giant bubble popped gently, releasing Tom, who floated safely to the ground. Everyone cheered, and the baker's cat meowed in relief as it touched the earth.

The contest ended in a burst of laughter. Leo and Zoe, covered in soap from head to toe, looked at each other and burst out laughing.

"So, who won?" Zoe asked, giggling.

Leo shrugged. "I think we both lost... and won at the same time."

The crowd roared with laughter, and that year, the Bubble Battle became legendary. Every villager would long remember the day when giant bubbles took over their little town.

L'École des Super Héros

———

Dans une ville cachée au milieu des montagnes, il existait une école très spéciale : l'École des Super Héros. Ce n'était pas une école ordinaire où les enfants apprenaient les mathématiques ou la géographie. Non, ici, les élèves venaient pour apprendre à utiliser leurs super pouvoirs. Mais les pouvoirs de ces élèves étaient... disons, un peu particuliers.

Il y avait Paul, qui pouvait se transformer en canapé. Littéralement. Dès qu'il se sentait stressé, il devenait un grand canapé moelleux. Puis il y avait Marie, qui avait le pouvoir de faire éternuer n'importe qui en claquant des doigts. Tous ceux autour d'elle finissaient toujours par attraper un rhume instantané. Ensuite, il y avait Lucas, dont le pouvoir était de pouvoir parler uniquement aux pigeons. Très utile si vous aviez besoin de savoir où étaient les miettes de pain dans la ville.

Enfin, il y avait Chloé, la plus sérieuse de la bande, qui pouvait... changer la couleur de ses chaussettes juste en y pensant. Pas vraiment impressionnant, mais Chloé espérait toujours que son pouvoir deviendrait un jour plus utile.

Un jour, l'école reçut de terribles nouvelles : un méchant nommé Docteur Sinistre avait juré de détruire leur école. Il avait des pouvoirs terrifiants : il pouvait faire disparaître les choses avec un simple regard, et il comptait commencer par leur école, parce qu'il détestait les super héros... surtout ceux avec des pouvoirs bizarres.

« Que va-t-on faire ? » s'écria Marie en éternuant accidentellement et faisant éternuer tout le monde dans la salle.

« On ne peut pas se battre contre le Docteur Sinistre ! Il est beaucoup trop puissant ! » ajouta Lucas en regardant les pigeons par la fenêtre.

Mais Chloé, avec ses chaussettes roses, avait une idée. « On ne peut pas abandonner ! Nos pouvoirs sont peut-être bizarres, mais ils sont uniques. On doit trouver un moyen de les utiliser ensemble. »

Le lendemain, alors que le Docteur Sinistre s'approchait de l'école avec un sourire diabolique, les élèves se préparèrent. Paul, transformé en canapé, se plaça au milieu du hall d'entrée. Marie se tint prête, ses doigts prêts à déclencher des éternuements massifs. Lucas parla aux pigeons pour qu'ils surveillent le ciel, et Chloé, bien sûr, changea la couleur de ses chaussettes en bleu pour se donner du courage.

Le Docteur Sinistre entra en riant. « Vous pensez pouvoir m'arrêter ? Avec vos petits pouvoirs ridicules ? »

Mais au moment où il s'approchait de Paul, il trébucha sur le canapé en plein milieu de la pièce et tomba par terre.

« Maintenant, Marie ! » cria Chloé.

Marie claqua des doigts et le Docteur Sinistre se mit à éternuer si fort qu'il ne pouvait plus se concentrer. Pendant ce temps, Lucas parlait aux pigeons et leur demanda de voler autour du méchant pour l'empêcher de voir quoi que ce soit.

Enfin, Chloé s'approcha avec ses chaussettes bleu vif et, en se tenant devant le Docteur Sinistre, elle dit d'une voix assurée : « Tu peux être aussi puissant que tu veux, mais tu ne pourras jamais détruire l'esprit d'équipe. »

Avec tout ce chaos autour de lui, le Docteur Sinistre finit par fuir l'école, éternuant toujours, poursuivi par des pigeons et laissant derrière lui sa fierté.

Les élèves se regardèrent et éclatèrent de rire. Ils avaient réussi à sauver leur école, malgré leurs pouvoirs bizarres. Et ce jour-là, ils comprirent que même les capacités les plus étranges pouvaient être utiles... si on les utilisait ensemble.

The Superhero School

In a hidden town nestled in the mountains, there was a very special school: The Superhero School. This wasn't an ordinary school where kids learned math or geography. No, here, the students came to learn how to use their superpowers. But the powers of these students were... let's just say, a bit unusual.

There was Paul, who could turn into a couch. Literally. Whenever he got stressed, he became a big, fluffy sofa. Then there was Marie, who had the power to make anyone sneeze just by snapping her fingers. Everyone around her always ended up with an instant cold. Next was Lucas, whose power was that he could only talk to pigeons. Very useful if you needed to know where the breadcrumbs in the city were.

Lastly, there was Chloe, the most serious of the group, who could... change the color of her socks just by thinking about it. Not exactly impressive, but Chloe always hoped her power would one day become more useful.

One day, the school received terrible news: a villain named Doctor Sinister had vowed to destroy their school. He had terrifying powers: he could make things disappear just by looking at them, and he planned to start with their school because he hated superheroes... especially ones with strange powers.

"What are we going to do?" Marie cried out, accidentally sneezing and making everyone in the room sneeze too.

"We can't fight Doctor Sinister! He's way too powerful!" added Lucas, looking at the pigeons outside the window.

But Chloe, with her pink socks, had an idea. "We can't give up! Our powers might be weird, but they're unique. We just need to figure out how to use them together."

The next day, as Doctor Sinister approached the school with an evil grin, the students prepared themselves. Paul, transformed into a couch, placed himself in the middle of the entrance hall. Marie stood ready, her fingers poised to unleash massive sneezes. Lucas talked to the pigeons, asking them to keep watch on the skies, and Chloe, of course, changed the color of her socks to blue for extra courage.

Doctor Sinister walked in laughing. "You think you can stop me? With your silly little powers?"

But as soon as he got close to Paul, he tripped over the couch right in the middle of the room and fell to the ground.

"Now, Marie!" Chloe shouted.

Marie snapped her fingers, and Doctor Sinister started sneezing so hard he couldn't focus anymore. Meanwhile, Lucas talked to the pigeons, asking them to fly around the villain to block his view.

Finally, Chloe stood in front of Doctor Sinister, her bright blue socks gleaming, and said confidently, "You can be as powerful as you want, but you'll never destroy teamwork."

With all the chaos surrounding him, Doctor Sinister fled the school, still sneezing, chased by pigeons, leaving behind his dignity.

The students looked at each other and burst out laughing. They had saved their school, despite their odd powers. And that day, they learned that even the strangest abilities could be useful... if used together.

Le Mystère du Pain Volant

Dans un petit village tranquille, il y avait une boulangerie qui sentait toujours bon le pain chaud et les croissants. C'était le lieu préféré des habitants, et chaque matin, une longue file d'attente se formait devant la boutique de Monsieur Bernard, le boulanger.

Mais depuis quelques jours, des choses étranges se produisaient. Le pain commençait à disparaître des étagères, non pas parce que les clients l'achetaient, mais parce qu'il... volait ! Oui, les baguettes, les pains de campagne et même les brioches s'envolaient dans les airs comme par magie. Monsieur Bernard était désespéré : « Comment vais-je vendre du pain si mes produits décident de s'envoler ? »

Un groupe d'enfants du village, Lola, Tom, et Zoé, décidèrent de résoudre ce mystère. « Il doit y avoir une explication logique », dit Tom, toujours très sérieux.

Ils entrèrent dans la boulangerie, décidés à enquêter. Monsieur Bernard les accueillit avec un grand soupir. « Vous voyez ! » dit-il en montrant une baguette qui venait juste de s'envoler au-dessus du comptoir. « Le pain devient fou ! »

Les enfants se mirent à observer attentivement la boulangerie. Lola remarqua quelque chose de curieux : des miettes. Partout. « Regardez ! Il y a des miettes qui mènent à l'arrière du magasin. » Ils suivirent la piste de miettes jusqu'à la réserve de farine.

Soudain, ils entendirent des petits bruits... comme des rires étouffés. « Chut, écoutez », chuchota Zoé.

Ils ouvrirent doucement la porte de la réserve, et là, ils découvrirent le coupable : une famille de petites souris, très malicieuses, qui utilisaient des ficelles pour faire voler les pains ! Les enfants restèrent bouche bée en voyant les souris tirer les ficelles et envoyer les baguettes et brioches dans les airs comme des cerfs-volants.

« Mais pourquoi faites-vous cela ? » demanda Lola, amusée par la scène.

Une des souris, qui portait un minuscule chapeau en papier, s'approcha et expliqua : « Nous adorons le pain de Monsieur Bernard, mais nous ne voulions pas simplement le voler. Alors, nous avons décidé de rendre ça amusant en le faisant voler. »

Tom éclata de rire. « C'est la raison la plus bizarre que j'ai jamais entendue ! »

Les enfants réfléchissaient à une solution. Ils ne voulaient pas que les souris continuent de voler le pain, mais ils ne voulaient pas non plus être méchants avec elles. Zoé proposa : « Et si vous aidiez Monsieur Bernard à préparer le pain ? Vous pourriez travailler la nuit, quand il n'y a personne, et en échange, vous pourrez manger quelques miettes. »

Les souris se regardèrent, enthousiastes. « Ça pourrait marcher ! »

Le soir même, les souris commencèrent à aider Monsieur Bernard. Elles pétrissaient la pâte, s'assuraient que les brioches levaient bien, et en échange, elles mangeaient les miettes qui tombaient par terre. Plus de pain volant, mais une boulangerie pleine de vie.

Monsieur Bernard ne fut jamais aussi content, et les habitants du village ne se doutèrent jamais que leur pain était fabriqué par une équipe de souris en plus du boulanger.

The Mystery of the Flying Bread

In a quiet little village, there was a bakery that always smelled of warm bread and croissants. It was the favorite place for the locals, and every morning, a long line formed outside Mr. Bernard's shop.

But in recent days, strange things had been happening. The bread started disappearing from the shelves, not because customers were buying it, but because it was... flying! Yes, baguettes, country loaves, and even brioches were floating into the air as if by magic. Mr. Bernard was desperate: "How am I supposed to sell bread if my products decide to fly away?"

A group of village children, Lola, Tom, and Zoé, decided to solve the mystery. "There has to be a logical explanation," said Tom, always the serious one.

They entered the bakery, determined to investigate. Mr. Bernard greeted them with a big sigh. "You see!" he said, pointing to a baguette that had just floated above the counter. "The bread is going crazy!"

The children began to carefully observe the bakery. Lola noticed something curious: crumbs. Everywhere. "Look! There are crumbs leading to the back of the shop." They followed the trail of crumbs to the flour storage room.

Suddenly, they heard tiny noises... like muffled giggles. "Shh, listen," whispered Zoé.

They gently opened the storage door, and there they discovered the culprits: a family of mischievous little mice, using strings to make the bread fly! The children were speechless as they watched the mice pull the strings and send the baguettes and brioches soaring through the air like kites.

"But why are you doing this?" asked Lola, amused by the scene.

One of the mice, wearing a tiny paper hat, approached and explained, "We love Mr. Bernard's bread, but we didn't want to just steal it. So we decided to make it fun by making it fly."

Tom burst out laughing. "That's the strangest reason I've ever heard!"

The children thought about a solution. They didn't want the mice to keep stealing the bread, but they didn't want to be mean to them either. Zoé suggested, "What if you help Mr. Bernard make the bread? You could work at night when no one's around, and in return, you could eat some of the crumbs."

The mice looked at each other, excited. "That could work!"

That very night, the mice started helping Mr. Bernard. They kneaded the dough, made sure the brioches rose perfectly, and in return, they ate the crumbs that fell on the floor. No more flying bread, but a bakery full of life.

Mr. Bernard had never been happier, and the villagers never knew that their bread was made by a team of mice, in addition to the baker.

Le Voyage de Léo en Ballon

―――

Il était une fois un petit garçon curieux nommé Léo. Léo adorait explorer et découvrir de nouvelles choses. Un jour, alors qu'il jouait dans le parc, il aperçut un énorme ballon coloré flottant dans le ciel. Fasciné, il s'approcha pour l'examiner de plus près. Malheureusement, en jouant avec la ficelle, il se retrouva accidentellement attaché au ballon géant !

Avant qu'il ne puisse dire « abracadabra », le ballon s'envola dans les airs, emportant Léo avec lui ! Il s'éleva de plus en plus haut, le vent frais sur son visage, tandis qu'il regardait son petit village devenir de plus en plus petit en dessous de lui.

Dans les nuages, Léo rencontra des personnages étranges et amusants. Le premier était un pingouin en costume qui jonglait avec des poissons volants. « Salut, jeune aventurier ! » dit le pingouin. « Tu veux apprendre à jongler avec moi ? » Léo, un peu hésitant, accepta et se mit à jongler avec des poissons. C'était drôle et absurde, mais il réalisa qu'il fallait de la concentration et de la pratique pour y parvenir.

Ensuite, il rencontra une fée des nuages qui lui enseigna comment dessiner des formes avec les cumulus. Elle lui montra comment transformer un nuage en un château majestueux, en un dragon rugissant et même en un gigantesque gâteau à la crème ! Léo était émerveillé par la magie des nuages.

Après un moment, le ballon commença à descendre, et Léo se retrouva face à un vieux hibou portant des lunettes. « Je vois que tu as eu une aventure incroyable, jeune homme ! » hoota le hibou. « N'oublie jamais d'être curieux et d'apprendre de chaque expérience. La curiosité est la clé de l'aventure. »

Léo acquiesça, son cœur battant d'excitation et de gratitude. Peu après, le ballon l'amenait vers le sol. Léo atterrit en douceur dans un champ de fleurs, tout en se remémorant ses rencontres incroyables. Il se détacha du ballon, qui s'envola dans le ciel, et Léo rentra chez lui, le cœur rempli d'histoires à raconter.

Ce jour-là, Léo avait appris que l'aventure et la curiosité pouvaient l'emmener bien au-delà des frontières de son petit village, et il avait hâte de découvrir encore plus de merveilles.

Leo's Balloon Adventure

Once upon a time, there was a curious little boy named Leo. Leo loved to explore and discover new things. One day, while playing in the park, he spotted a giant colorful balloon floating in the sky. Fascinated, he approached it to take a closer look. Unfortunately, while playing with the string, he accidentally tied himself to the giant balloon!

Before he could say "abracadabra," the balloon soared into the air, whisking Leo away! He rose higher and higher, the cool wind on his face, as he watched his little village grow smaller and smaller below him.

In the clouds, Leo met quirky and amusing characters. The first was a penguin in a suit juggling flying fish. "Hello, young adventurer!" said the penguin. "Do you want to learn to juggle with me?" Leo, a bit hesitant, agreed and started juggling fish. It was funny and absurd, but he realized that it took concentration and practice to succeed.

Next, he encountered a cloud fairy who taught him how to draw shapes with the cumulus clouds. She showed him how to transform a cloud into a majestic castle, a roaring dragon, and even a gigantic cream cake! Leo was amazed by the magic of the clouds.

After a while, the balloon began to descend, and Leo found himself face to face with an old owl wearing glasses. "I see you've had an incredible adventure, young man!" hooted the owl. "Never forget to be curious and learn from every experience. Curiosity is the key to adventure."

Leo nodded, his heart racing with excitement and gratitude. Soon after, the balloon brought him gently down to the ground. He landed softly in a field of flowers, reflecting on his incredible encounters. He untied himself from the balloon, which floated away into the sky, and Leo returned home, his heart full of stories to tell.

That day, Leo had learned that adventure and curiosity could take him far beyond the borders of his little village, and he couldn't wait to discover even more wonders.

Les Aventures de Monique la Souris

Dans une grande ville animée, vivait une petite souris astucieuse nommée Monique. Monique était connue pour son esprit malicieux et ses tours espiègles. Elle adorait jouer des tours aux humains de son immeuble. Que ce soit en déplaçant des objets ou en faisant grincer les portes au milieu de la nuit, elle s'assurait toujours d'apporter un peu de chaos dans la vie quotidienne de ses voisins.

Un matin, Monique eut une idée brillante. Elle décida de jouer un tour à M. Dupont, un homme grincheux qui vivait au troisième étage. Elle se faufila dans son appartement et remplaça son café par du jus de citron. Lorsqu'il prit sa première gorgée, son visage devint tout rouge, et il se mit à crier, ce qui fit rire Monique aux éclats depuis sa cachette.

Encouragée par son succès, Monique poursuivit ses blagues. Elle attacha des fils de pêche à la porte du nouveau voisin, pensant qu'il serait amusant de le voir se battre avec la porte. Mais cette fois-ci, les choses ne se passèrent pas comme prévu. En tirant sur le fil, Monique fit tomber une étagère remplie de livres, et un livre épais atterrit directement sur son pied. Elle avait causé plus de chaos qu'elle ne l'avait prévu.

Les bruits de la chute alertèrent tous les voisins, qui se précipitèrent pour voir ce qui se passait. Monique, se rendant compte que ses blagues avaient des conséquences, décida qu'il était temps de se rattraper. Elle s'excusa auprès de M. Dupont et du nouveau voisin, promettant de ne plus jouer de tours qui pourraient blesser quelqu'un.

Pour se faire pardonner, Monique commença à organiser des petits dîners pour tous les voisins. Elle invita tout le monde chez elle pour partager des fromages et des fruits. Au fil de ces soirées, les voisins réalisèrent que Monique n'était pas seulement une petite souris espiègle, mais aussi une amie aimable et attentionnée.

Finalement, Monique apprit une leçon précieuse : jouer des tours peut être amusant, mais il est important de respecter les autres et de prendre la responsabilité de ses actions. Désormais, elle utilisait son esprit malicieux pour apporter de la joie et de la bonne humeur à ses voisins plutôt que du désordre.

The Adventures of Monique the Mouse

―――

In a bustling big city, there lived a clever little mouse named Monique. Monique was known for her mischievous spirit and playful tricks. She loved to play pranks on the humans in her apartment building. Whether it was moving objects around or squeaking doors in the middle of the night, she always found a way to bring a little chaos into her neighbors' daily lives.

One morning, Monique had a brilliant idea. She decided to play a trick on Mr. Dupont, a grumpy man living on the third floor. She sneaked into his apartment and replaced his coffee with lemon juice. When he took his first sip, his face turned bright red, and he yelled, which made Monique laugh out loud from her hiding spot.

Encouraged by her success, Monique continued her pranks. She attached fishing lines to the door of the new neighbor, thinking it would be funny to see him struggle with the door. But this time, things didn't go as planned. Pulling on the line, Monique knocked over a bookshelf filled with books, and a thick book landed right on her foot. She had caused more chaos than she had anticipated.

The noise from the crash alerted all the neighbors, who rushed over to see what was happening. Monique, realizing her pranks had consequences, decided it was time to make amends. She apologized to Mr. Dupont and the new neighbor, promising not to play tricks that could hurt anyone.

To make up for it, Monique began organizing little dinners for all her neighbors. She invited everyone over to share cheese and fruit. As the evenings went by, the neighbors realized that Monique wasn't just a mischievous little mouse but also a kind and caring friend.

In the end, Monique learned a valuable lesson: playing tricks can be fun, but it's important to respect others and take responsibility for one's actions. From then on, she used her mischievous spirit to bring joy and laughter to her neighbors instead of chaos.

La Révolte des Animaux de la Ferme

Dans une ferme tranquille, les animaux commençaient à se lasser de leur routine quotidienne. Chaque jour était identique : se lever tôt, manger à la même heure, et passer des heures à paître ou à pondre des œufs. Un jour, Bertie le coq, frustré par la monotonie, prit la parole devant tous les animaux. « C'en est trop ! Nous devons changer les choses ! »

Les animaux se rassemblèrent et commencèrent à discuter. Marguerite la vache proposa : « Que diriez-vous de demander plus de vacances ? » Gaston le cheval ajouta : « Oui ! Et des courses de vitesse tous les vendredis ! » Les idées fusaient, et les demandes devinrent de plus en plus loufoques.

« Et si nous demandions des friandises tous les jours ? » s'exclama Chloé la poule, battant des ailes d'excitation. Finalement, après beaucoup de discussions, ils décidèrent qu'il était temps de renverser Monsieur Dupuis, le fermier, pour obtenir ce qu'ils désiraient.

Le lendemain matin, les animaux se mirent au travail. Ils accrochèrent des banderoles en paille, criant : « À bas le fermier ! Nous voulons de la liberté ! » Mais leur plan ne se déroula pas comme prévu. Lorsque Monsieur Dupuis se réveilla et vit les animaux en révolte, il éclata de rire. « Pensez-vous que je vais vous laisser partir ? » dit-il en secouant la tête. « Vous avez besoin de moi ! »

Les animaux, déterminés, continuèrent leur révolte. Ils bloquèrent les portes de la grange, dans l'espoir de prendre le contrôle de la ferme. Cependant, bientôt, ils réalisèrent qu'être leur propre patron n'était pas si simple. Sans Monsieur Dupuis pour les nourrir, ils se retrouvèrent affamés. Les courses de vitesse se transformèrent rapidement en une lutte pour la survie.

« Qu'avons-nous fait ? » se lamenta Marguerite. « Nous devrions avoir réfléchi avant de demander des choses aussi folles ! »

Après quelques jours de désordre, les animaux convinrent qu'il était temps de faire la paix avec Monsieur Dupuis. Ils lui firent savoir qu'ils avaient besoin de lui après tout. « D'accord, d'accord, » dit Monsieur Dupuis en souriant. « Je peux vous donner plus de friandises, mais vous devez travailler un peu plus dur. »

Les animaux acceptèrent et, ensemble, ils trouvèrent un équilibre. Bien qu'ils aient encore des envies folles de temps à autre, ils apprirent à apprécier leur vie à la ferme, se rendant compte que parfois, il vaut mieux être heureux avec ce que l'on a.

The Farm Animals' Revolt

On a quiet farm, the animals were starting to get tired of their daily routines. Every day was the same: waking up early, eating at the same time, and spending hours grazing or laying eggs. One day, Bertie the rooster, frustrated with the monotony, spoke up in front of all the animals. "Enough is enough! We need to change things!"

The animals gathered and began to discuss. Marguerite the cow suggested, "How about asking for more vacation time?" Gaston the horse added, "Yes! And speed races every Friday!" Ideas flew around, and the demands became sillier and sillier.

"And what if we asked for treats every day?" exclaimed Chloé the hen, flapping her wings in excitement. Finally, after much discussion, they decided it was time to overthrow Mr. Dupuis, the farmer, to get what they wanted.

The next morning, the animals got to work. They hung straw banners, shouting, "Down with the farmer! We want freedom!" But their plan did not go as expected. When Mr. Dupuis woke up and saw the animals in revolt, he burst out laughing. "Do you think I'm going to let you go?" he said, shaking his head. "You need me!"

The animals, determined, continued their revolt. They blocked the barn doors, hoping to take control of the farm. However, soon they realized that being their own boss was not so simple.

Without Mr. Dupuis to feed them, they found themselves hungry. The speed races quickly turned into a struggle for survival.

"What have we done?" lamented Marguerite. "We should have thought before asking for such ridiculous things!"

After a few days of chaos, the animals agreed that it was time to make peace with Mr. Dupuis. They let him know they needed him after all. "Alright, alright," said Mr. Dupuis with a smile. "I can give you more treats, but you have to work a little harder."

The animals agreed, and together they found a balance. Although they still had silly whims from time to time, they learned to appreciate their life on the farm, realizing that sometimes it's better to be happy with what you have.

Le Secret de la Forêt Enchantée

Dans un village vibrant à la lisière d'une forêt enchantée, vivaient trois frères et sœurs : Tom, Maya et Léo. Un jour, alors qu'ils jouaient près de la forêt, ils découvrirent un chemin caché qui les mena profondément dans les bois. La forêt était remplie de créatures magiques et de paysages féeriques, avec des arbres qui semblaient murmurer des secrets et des fleurs qui brillaient comme des étoiles.

En s'enfonçant dans la forêt, les enfants tombèrent sur une clairière cachée, où une licorne triste se tenait, son regard lointain. Sa corne, qui avait jadis scintillé comme un arc-en-ciel, était maintenant terne et sans éclat. Tom, avec son cœur compatissant, s'approcha de la licorne. « Pourquoi es-tu si triste ? » demanda-t-il.

La licorne soupira. « Je m'appelle Étoile, et ma joie est liée à un cristal spécial qui a été volé par un esprit malicieux. Sans lui, je ne peux plus briller ni apporter de magie dans cette forêt. »

Maya, toujours curieuse, demanda : « Où se trouve cet esprit ? Nous pouvons t'aider ! » Étoile leur expliqua que l'esprit se cachait près d'une vieille chêne au cœur de la forêt, entouré de pièges et d'illusions.

Déterminés à aider Étoile, les trois enfants se mirent en route. Ils rencontrèrent de nombreuses créatures magiques en chemin. Un oiseau chanteur les guida à travers un nuage de brume, une petite fée leur donna des conseils pour traverser un pont magique, et un sage hibou leur enseigna l'importance de la bravoure et de l'amitié.

Finalement, ils arrivèrent au grand chêne. L'esprit malicieux, un petit personnage espiègle, les attendait. « Que voulez-vous, jeunes aventuriers ? » demanda-t-il en riant. « Le cristal ? Je l'ai caché, et je ne vous le donnerai pas facilement ! »

Léo, avec son sens de la stratégie, proposa un défi. « Si nous pouvons te faire rire, nous pouvons récupérer le cristal ! » Intrigué, l'esprit accepta. Les enfants commencèrent à raconter des blagues, à danser et à jouer des mimiques hilarantes. Finalement, l'esprit éclata de rire et, dans un éclat de lumière, lui remit le cristal.

« Vous avez gagné, petits, » dit-il, un sourire aux lèvres. « Prenez ce cristal, et n'oubliez jamais que le véritable bonheur vient de l'amitié et du partage. »

Les enfants remercièrent l'esprit et retournèrent à la clairière d'Étoile. En remettant le cristal à la licorne, une lumière éclatante enveloppa la clairière. La corne d'Étoile brilla à nouveau de mille feux, et une vague de magie inonda la forêt.

« Merci, mes chers amis ! » s'exclama Étoile, son sourire illuminant son visage. « Grâce à vous, la magie revient ! »

Ensemble, ils célébrèrent leur succès, et les enfants réalisèrent que, même face aux défis, l'union et le courage leur avaient permis de surmonter toutes les épreuves.

The Secret of the Enchanted Forest

In a vibrant village on the edge of an enchanted forest, there lived three siblings: Tom, Maya, and Léo. One day, while playing near the forest, they discovered a hidden path that led them deep into the woods. The forest was filled with magical creatures and whimsical sights, with trees that seemed to whisper secrets and flowers that sparkled like stars.

As they ventured deeper into the forest, the children stumbled upon a hidden glade where a sad unicorn stood, her gaze distant. Her horn, which once shimmered like a rainbow, was now dull and lifeless. Tom, with his compassionate heart, approached the unicorn. "Why are you so sad?" he asked.

The unicorn sighed. "My name is Étoile, and my joy is tied to a special crystal that was stolen by a mischievous sprite. Without it, I can no longer shine or bring magic to this forest."

Maya, always curious, asked, "Where is this sprite? We can help you!" Étoile explained that the sprite hid near an ancient oak at the heart of the forest, surrounded by traps and illusions.

Determined to help Étoile, the three children set off on their quest. They encountered many magical creatures along the way. A singing bird guided them through a misty cloud, a tiny fairy offered tips to cross a magical bridge, and a wise owl taught them the importance of bravery and friendship.

Eventually, they arrived at the great oak. The mischievous sprite, a small impish figure, awaited them. "What do you want, young adventurers?" he asked with a laugh. "The crystal? I've hidden it, and I won't give it up easily!"

Léo, with his strategic mind, proposed a challenge. "If we can make you laugh, we can have the crystal!" Intrigued, the sprite agreed. The children began to tell jokes, dance, and perform hilarious antics. Finally, the sprite burst into laughter and, in a flash of light, handed over the crystal.

"You've won, little ones," he said, a smile on his face. "Take this crystal, and never forget that true happiness comes from friendship and sharing."

The children thanked the sprite and returned to Étoile's glade. As they returned the crystal to the unicorn, a brilliant light enveloped the clearing. Étoile's horn shone bright once more, and a wave of magic flowed through the forest.

"Thank you, my dear friends!" Étoile exclaimed, her smile lighting up her face. "Thanks to you, the magic has returned!"

Together, they celebrated their success, and the children realized that even in the face of challenges, unity and courage had allowed them to overcome every trial.

Milton Keynes UK
Ingram Content Group UK Ltd.
UKHW020119221024
449869UK00010B/345